Las montañas de plata

Lydia Espinosa Morales
Ilustraciones de Fabricio Vanden Broeck

FONDO DE CULTURA ECONÓMICA

MÉXICO

Coordinador general del proyecto
Daniel Goldin

Coordinador del periodo México precolombino
Pablo Escalante

Coordinador del periodo México colonial
Rodrigo Martínez

Coordinador del periodo México independiente
Carlos Illades

Coordinador del periodo México en el siglo XX
Ricardo Pérez Montfort

Diseño
Adriana Esteve y Rogelio H. Rangel

Cuidado editorial
Ernestina Loyo
Carlos Miranda

Primera edición: 2000

D.R. © 2000, Fondo de Cultura Económica
Carretera Picacho-Ajusco 227; 14200, México, D.F.

www.fce.com.mx
comentarios y sugerencias correo electrónico: alaorilla@fce.com.mx

ISBN 968-16-5646-6 (colección)
ISBN 968-16-5627-X (volumen V)

Impreso en México
Tiro: 10 000 ejemplares

Índice

Introducción

Antes de la conquista española, los poderosos imperios mexica y michoacano no habían logrado dominar los inmensos territorios norteños, escasamente habitados por diversos pueblos, en su mayor parte cazadores y recolectores, llamados chichimecas. Los españoles conquistaron en unos pocos años el territorio mesoamericano, pero la conquista de la Gran Chichimeca fue mucho más lenta.

En 1546 se descubrieron las minas de plata de Zacatecas, y poco después las de Guanajuato, San Luis Potosí, Chihuahua, Durango. Estas riquísimas minas provocaron una intensa colonización de las tierras norteñas. Los chichimecas se tuvieron que replegar ante la invasión de españoles, mestizos, negros, mulatos e indios mesoamericanos atraídos por la economía minera. Cerca de las minas se establecieron haciendas de beneficio, donde se separaba la plata pura del mineral bruto que se sacaba de las minas. Nacieron inmensas haciendas agrícolas y ganaderas, que abastecían a las minas y a las ciudades, villas y pueblos, que crecían como hongos. Se abrieron caminos, recorridos por recuas de mulas cargadas con plata y mercancías variadas. Los franciscanos y los jesuitas establecieron misiones para tratar de atraer a los chichimecas a la vida cristiana y sedentaria. Pueblos enteros de indios tlaxcaltecas y michoacanos fueron trasladados al Norte para servir como ejemplo de vida política ordenada.

Los chichimecas vieron invadido su territorio por una población abusiva y voraz. Durante la Guerra del Mixtón (1541-1542) y la Guerra Chichimeca (1550-1591), los españoles se enriquecieron capturando indios, esclavizándolos y vendiéndolos para trabajar y morir en las minas y haciendas. La guerra, las migraciones, las enfermedades, la esclavitud y el trabajo forzado provocaron muerte y desarraigo. Ésta es la historia de Las montañas de plata *de Lydia Espinosa, en la que el joven chichimeca Miguel emprende, acompañado por su amigo Alonso, la búsqueda de sus orígenes, en un fascinante viaje por el norte de la Nueva España.*

RODRIGO MARTÍNEZ

Era el 20 de agosto de 1630. El pueblo de San Felipe estaba animado. Mucha gente de fuera: *arrieros, tratantes* y comerciantes, estaban de paso, camino hacia el Norte, para aprovechar la fiesta de San Luis Potosí. Don Francisco estaba muy ocupado. Numerosos clientes entraban a su tienda, El Puerto de Bilbao, buscando mercancías que más tarde volverían a vender en la feria comercial de San Luis o bien en las minas cercanas. Don Francisco se hacía muchos líos. De pronto, gritó desesperado:

—¡Alonso, muchacho haragán! ¿Dónde te escondes? —Y, asomándose a la trastienda, volvió a gritar—: ¡Alonso! ¡Vamos, sal de ahí! ¡Deja ya de soñar despierto! ¡A trabajar!

Alonso, un jovencito de poco más de doce años, salió tras unas telas y con mucha flojera obedeció a su padrino; después de un tiempo de vivir con don Francisco, que además era el socio de su padre, ya estaba acostumbrado y sus gritos no lo asustaban.

—Apresúrate, muchacho —le dijo don Francisco ya más calmado—,

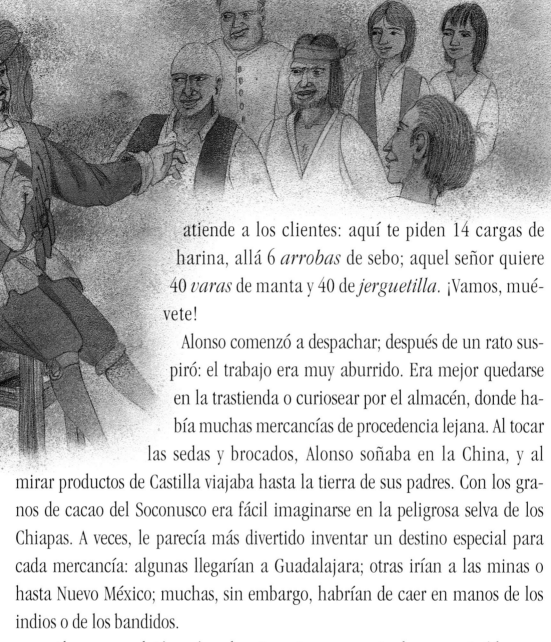

atiende a los clientes: aquí te piden 14 cargas de harina, allá 6 *arrobas* de sebo; aquel señor quiere 40 *varas* de manta y 40 de *jerguetilla*. ¡Vamos, muévete!

Alonso comenzó a despachar; después de un rato suspiró: el trabajo era muy aburrido. Era mejor quedarse en la trastienda o curiosear por el almacén, donde había muchas mercancías de procedencia lejana. Al tocar las sedas y brocados, Alonso soñaba en la China, y al mirar productos de Castilla viajaba hasta la tierra de sus padres. Con los granos de cacao del Soconusco era fácil imaginarse en la peligrosa selva de los Chiapas. A veces, le parecía más divertido inventar un destino especial para cada mercancía: algunas llegarían a Guadalajara; otras irían a las minas o hasta Nuevo México; muchas, sin embargo, habrían de caer en manos de los indios o de los bandidos.

—Alonso —volvió a oír a don Francisco—, no te duermas. Ayúdame a cerrar. ¡Ay!, si tu padre supiera qué poco aprendes del arte del comercio.

Alonso guardó silencio. Estaba harto de sus sermones, pero ¡qué remedio! Ya se encontraría en la noche con su amigo Martín, y entonces sí la pasaría muy bien escuchando las fantásticas historias que se contaban en el mesón

del Refugio sobre el lejano norte de la Nueva España. Su amigo Martín no se cansaba de escuchar las aventuras de la reina Calafia y sus invisibles *amazonas;* él, por su parte, prefería las historias de tesoros, especialmente la de las montañas de plata.

El mesón estaba en el Camino Real a Zacatecas, y quienes iban hacia San Luis, León o Guadalajara, allí comían, bebían y hacían descansar a sus animales. La mayoría eran arrieros que por encargo de grandes comerciantes de la Ciudad de México transportaban mercancías a lomo de mula. No faltaban, sin embargo, algunos vaqueros cansados de dormir bajo las estrellas y algunos soldados de los presidios cercanos que patrullaban el camino hacia las minas.

Despedida en la taberna

Esa noche, como tantas otras, fingiendo que se iba a la cama, Alonso se fue derecho al mesón. Al llegar entró a la taberna y vio a Martín, quien a señas le indicaba que saliera por la puerta de atrás.

—¿Qué ocurre, Martín? ¿Por qué tanto misterio?

—Vengo a despedirme. Tú eres mi único amigo. He decidido escapar de San Felipe y huir de la casa del cura.

—¿Estás loco? —replicó Alonso—, la justicia te atrapará y de nuevo serás depositado para trabajar donde sea. Sólo te faltan dos años más de servicio obligatorio y luego serás libre.

—Mira, Alonso, tú no comprendes, yo soy indio; pero un indio sin familia, sin gente, sin tierra, no es nadie. No sé de dónde vengo y no puedo recordar ni a mis padres. Tengo que buscarlos. Por eso huyo.

—Es imposible, Martín. Recuerda que nadie sabe en qué batalla te capturaron y tú eras muy pequeño. ¿Por dónde podrías comenzar?

—Por aquí —contestó Martín, mientras se subía el pantalón y le mos-

traba una curiosa cicatriz con la forma de una media luna que tenía marcada en la pierna.

—¿Qué es eso? —preguntó Alonso—. ¿Por qué nunca me la habías enseñado?

—No sé lo que sea, ni tampoco lo que signifique —le dijo Martín—, pero tal vez me sirva para encontrar a mi pueblo.

—¿Tú crees? —preguntó Alonso ya con entusiasmo—. ¿Alguien en San Felipe podría reconocerla?

—No lo creo, por eso he pensado escapar; tal vez me ayuden en San Luis Xilotepec, allí viven muchos chichimecas.

—¡Claro que sí! —exclamó Alonso—. Allí vive el gran capitán don Nicolás, el más valiente de los otomíes; a él podríamos preguntarle.

—¿Podríamos? —inquirió Martín—. Gracias, Alonso, pero este asunto es sólo mío. No puedes abandonar todo por esta aventura incierta.

Alonso tardó poco en convencer a su amigo. Él también quería huir pues lo aburrido de su trabajo le parecía insoportable. El comercio daba grandes fortunas pero, seguramente, habría otras oportunidades más divertidas y rápidas para enriquecerse.

Una salida y varias historias

Al día siguiente, aprovechando la confusión que provocaban las numerosas caravanas de San Felipe, Alonso y Martín se unieron a un grupo de arrieros con destino a San Luis Xilotepec. Iban felices y, muy emocionados, empezaron a recordar las historias que sabían del gran capitán don Nicolás. Los muleteros escuchaban embobados. Los muchachos les contaron cómo, muchas veces, don Nicolás se había enfrentado contra los pames, los copuces, los guamares y guachichiles, y cómo por fin había capturado y matado al terrible Macorro, jefe indio muy peligroso.

—Yo creía que don Nicolás ya había muerto —replicó uno de ellos—; si vive, ha de tener más de cien años.

—Para él nada es difícil —dijo Martín—, conoce todas las yerbas y muchos remedios. Por eso nunca lograron matarlo.

Cuando anocheció, la caravana entró a Xilotepec. Los hombres y sus *recuas* se dirigieron al *tianguis* y allí, en los portales, se quedaron dormidos.

Al día siguiente los despertó un gran escándalo: gritos, música y cohetes. Por la calle principal, toda cubierta de ramas, pasó corriendo un grupo de indios pintados y arma-

14

dos con arcos y flechas. Después venían los músicos tocando flautas, cascabeles y tambores, anunciando a un personaje majestuoso: montado en un inmenso buey, muy adornado y de grandes cuernos, iba el *cacique* del pueblo, el viejo don Nicolás, cubierto por varias túnicas de brillantes colores y portando en su mano derecha un gran bastón lleno de flores. Su pelo era largo y blanquísimo, y estaba amarrado por una cinta de cuero. A su lado y por detrás iba su escolta bien engalanada empuñando lanzas y espadas de madera. El coheterío era ensordecedor.

—¡Empezamos con suerte! —gritó Alonso—. ¡Vamos tras ellos!

Como pudieron, los muchachos se abrieron camino y entraron a la iglesia siguiendo al cortejo. Al salir de la misa trataron de acercarse a don Nicolás, pero un indio principal los detuvo:

—¿Para qué lo quieren? —les preguntó—. El capitán está muy viejo y no debemos molestarlo.

—Por favor —suplicó Martín—, hemos venido desde lejos para verlo: estoy buscando a mis padres y sólo él puede ayudarme.

El indio les tuvo lástima y esa tarde los llevó con don Nicolás. El viejo, que estaba sentado en el piso, parecía dormido.

—Padrecito —se atrevió a decir Martín—, soy muy desdichado, he perdido a mi pueblo y no sé cómo encontrarlo. Hace muchos años, cuando yo era pequeño, los cristianos me capturaron en una justa guerra y, desde entonces, he vivido entre los blancos. Ahora he decidido volver con mi gente.

Al oír estas palabras, don Nicolás abrió los ojos. Eran unos ojos muy oscuros y profundos. Alonso sintió miedo. Martín continuó:

—Mira, padrecito —mientras le mostraba la media luna en su pierna—, tal vez sea la marca de mi tribu. ¿No la reconoces?

Don Nicolás la miró con atención y luego respondió despacio:

—Son muchas, muchísimas, las naciones chichimecas. Yo conozco a todas las que habitan estas regiones: desde la sierra de Comanja hasta la sierra Gorda y el Gran Tunal. Pero no, tú no eres de aquí; otros chichimecas viven tierra adentro, más al Norte, a muchas leguas de Potosí.

—Pero, ¿cómo? —interrumpió Alonso—, ¿cómo buscar en el desierto?

Don Nicolás cerró los ojos. Sin abrirlos habló de nuevo:

—Vayan para Zacatecas. Viven allí toda clase de hombres. La plata los lleva desde las más apartadas regiones. Allí podrán ayudarlos.

Hacia el Norte

Don Nicolás estaba jadeando y parecía muy cansado. El indio principal les indicó que salieran. Cuando se iban, oyeron la voz del viejo: "Encontrarán lo que buscan."

Estas palabras los animaron. Durante varios días se dedicaron a celebrar la fiesta de San Luis. Luego, unidos a una caravana, fueron hacia el Norte. Para pagar el viaje, Alonso y Martín irían como muleteros. Después de varias horas de viaje, Alonso comenzó a desesperarse:

—¿Cuánto falta para llegar? —preguntó.

—Paciencia, muchacho —le respondió uno de los arrieros que cabalgaba junto a su carreta—. El viaje será muy largo. Muchas noches habrán de transcurrir hasta llegar a Zacatecas.

—Muchas noches, ¿como cuántas: cinco, seis? —volvió a preguntar.

—No te desesperes. Si todo sale bien, en menos de un mes llegaremos a Zacatecas. Después de San Felipe nos espera un largo camino: Ojuelos, Bocas, Ciénega Grande, Palmillas, pero el despoblado suele ser lento y peligroso.

—¿Por qué? —intervino Martín, que hasta entonces había venido muy callado.

—Mira, muchacho, avanzar con una caravana tan grande no es cosa fácil: venimos más de veinte carretas, cuatro carros de pasajeros, varias

recuas y más de un centenar de mulas y caballos. Venimos muy cargados: azogue, hierro, telas, alimentos. Piensa en los carreteros, los arrieros, los muleteros, los cargadores y los pasajeros. Muchas cosas pueden pasarnos: los carros y carretas pueden romperse; los hombres y animales, enfermarse. En fin, hasta los indios pueden atacarnos.

Alonso preguntó angustiado:

—¿Acaso estamos en guerra? ¿Existen todavía los indios salvajes?

—Basta ya de parloteo —rezongó el conductor de la carreta—, no es buena cosa asustar a unos muchachos.

Al oír estas palabras todos guardaron silencio. Durante muchas horas sólo los animales resoplaron y se oía el rechinar de las carretas. El paisaje era triste y desolado.

Así pasaron los días. La marcha de la caravana era lenta y pesada; pocas *leguas* se recorrían por jornada. Alonso trataba de aprovechar cada momento. Recorría la caravana, todo lo miraba y, sobre todo, preguntaba. Martín, por el contrario, estaba cada vez más serio.

El sustento de los chichimecas en el árido norte de la Nueva España dependía básicamente de la recolección y del aprovechamiento múltiple y meticuloso de nopales, mezquites, agaves, peyote, tubérculos y yucas, así como de la caza de venados, liebres, conejos, codornices, ardillas, ranas y gusanos. Eran maestros en el arte del arco y la flecha y se volvieron grandes jinetes con los caballos traídos a América por los españoles.

—¿Qué te pasa? —le dijo Alonso—. ¿Te arrepientes de haber venido?

—No es eso —respondió Martín—, me molesta el miedo que todos tienen de los indios. Escoltas de soldados, presidios fortificados, en fin, recuerda que yo soy un indio y, para colmo, un indio chichimeca.

Alonso no pudo evitar reírse:

—¡Ay, Martín!, mira qué ocurrencias, tú no eres un salvaje. Aquí, es cierto, le temen a los indios pero a los indios bárbaros. De seguro la gente de tu pueblo no anda en cueros ni pintada.

Martín no respondió pero las palabras de su amigo no lo tranquilizaron. Ansiaba encontrar a sus padres, pero comenzaba a temer lo que podía descubrir. ¿Cómo serían? ¿Comerían carne cruda y arrancarían cueros cabelludos? ¿Adorarían al demonio? Esos tristes pensamientos lo atormentaron muchos días.

Por fin, tras veintidós largas jornadas, una tibia tarde de otoño, la caravana entró a Zacatecas. Alonso estaba encantado: tantas y tantas cosas había oído sobre Zacatecas y ahora estaba allí para verlas con sus propios ojos. La ciudad era muy populosa y, ciertamente, todos allí parecían ser ricos aunque, en su mayoría, eran gente de color quebrado: mestizos, indios, negros y mulatos. Como era domingo, todos paseaban alegremente por las calles que, en contraste,

se veían sucias y pequeñas, y vestían con lujo extravagante: capas, sombreros, botines, cintas, medias de seda y pañuelos de encajes. Todos gastaban grandes sumas de dinero y compraban lo que podían: sobre todo vino, cuchillos y *trabucos*.

Los muchachos estaban asombrados y decidieron recorrer las malolientes calles de la ciudad: entraron a las tabernas, comieron y bebieron. Después de un rato estaban tan animados que, incluso, jugaron a los naipes y apostaron a los dados.

—¡Ocho *reales* y seis granos! —exclamó Martín—. ¡Más de un peso! Ima-

gínate, Alonso, en sólo un ratito hemos ganado más de lo que le pagan, por semana, a un trabajador en las minas. ¡Una fortuna!

—Estamos de suerte —dijo Alonso—, deberíamos aprovecharla apostando a los gallos.

Buscando el *palenque,* les comenzó a caer la noche.

—Parece que nos siguen —murmuró Alonso.

Martín se puso nervioso y sugirió:

—Apuremos el paso y crucemos la calle.

—¡Alto! ¡Deténganse! —les gritaron a sus espaldas.

—¡Huye, Martín, son los ladrones! —exclamó Alonso.

Pero Martín decidió enfrentarlos:

—A mí no me roban, miserables —y empezó a tirar golpes y patadas, cayendo muy pronto al piso.

Alonso acudió en su ayuda pero recibió tal tunda que casi quedó inconsciente. Hubiera sido mejor que huyeran; con impotencia sintió cómo sus agresores lo cargaban de pies y manos y lo arrojaban después, no supo en dónde.

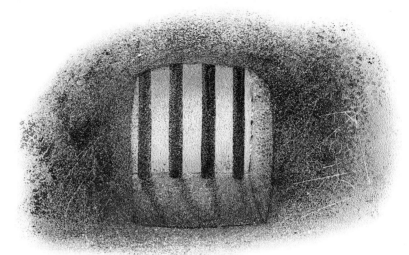

La oscuridad era absoluta y todo le dolía. Curiosamente, no lo habían robado: aún podía sentir las monedas en su bolso. No sabía qué pensar, la cabeza le daba vueltas y sólo le retumbaban las palabras que sus captores le gritaban mientras lo zarandeaban:

—¡Vago! ¡Malviviente! ¡Haragán!

Una condena buena y una mala

Cuando amaneció, descubrió dónde se hallaba: ¡en la cárcel! Ciertamente, sintió consuelo cuando vio que Martín estaba a su lado.

—¡Despierta, Martín! ¡Estamos en la cárcel! Debe ser algún error.

—¡Ja, ja, ja! —se oyó una risotada—, el error fue dejarse atrapar. Ya se arrepentirán cuando estén en el fondo de una mina —exclamó el carcelero.

Alonso preguntó lloroso:

—¿Por qué nos trajeron aquí?

—Por vagos. ¿Por qué habría de ser? En Zacatecas, como en toda Nueva España, la vagancia está prohibida; de seguro seréis condenados.

—¡Pero si no somos vagos! —le replicó Martín—. ¡Venimos como muleteros en una caravana!

—¡A mí qué me dices, picarón, ya se lo dirás al alcalde mayor!

Los muchachos fueron juzgados y después sentenciados. Por vagos y apostadores se les condenó a un mes de trabajos forzados en las minas del Fresnillo, al norte de Zacatecas. Corrieron con suerte. Debido a su edad, no fueron obligados a bajar a las minas y fueron llevados a Santa María, una hacienda donde se beneficiaba plata.

Santa María no era muy grande; aun así, era la empresa más imponente que Alonso y Martín hubieran visto jamás. Alonso quedó como peón y hacía un poco de todo: limpiaba, daba de comer a los animales y hacía pequeños mandados. Martín trabajaba en la *fragua* llenando de carbón los hornos donde se fundían los minerales para separar la plata.

A los muchachos les gustaba lo que sucedía en la hacienda: a Santa María llegaban grandes y pesados trozos de mineral y allí se transformaban en relucientes barras de plata. Por el método de fundición, la plata se obtenía en apenas veinticuatro horas. Por el método de patio, tardaba hasta dos meses, pues el proceso de beneficio era muy complicado: los minerales se trataban con azogue y sal y después se sometían a varios lavados.

Una noche, mientras Martín dormía, unas palabras lo despertaron:

—Taguatsi, taguatsi, taguatsi —le murmuraron al oído.

Junto a él, en cuclillas, un indio xixime le indicó que salieran. Martín no lo pensó. En silencio, cruzaron por el patio de la hacienda y comenzaron a subir por el cerro. Pasado un rato, Martín sintió miedo y comenzó a arrepentirse: la noche estaba muy oscura y era fácil caerse en uno de tantos *socavones* perforados a campo abierto. De pronto, el indio se detuvo y descendió por uno de ellos utilizando una escalera de cuerda: al fondo podía distinguirse una galería iluminada. Martín dudó por un momento pero al fin bajó. Al llegar a tierra, las piernas le temblaban. Varios indios estaban frente a un fogón encendido.

—Muéstranos la marca —le ordenó el más viejo de ellos.

Martín obedeció con prontitud.

—¿Quién eres? ¿A qué has venido? —le preguntó en mal castellano.

—Martín es mi nombre cristiano —respondió tomando aire—, mi otro nombre, el verdadero, no lo recuerdo. —Y añadió después de un silencio—: Hermanos, yo soy como ustedes: un indio que fue capturado y llevado lejos de su pueblo. Vengo desde San Felipe y ando en busca de mis padres.

Los indios se miraron y murmuraron entre ellos. Después uno le dijo:

—La sangre de grandes guerreros corre por tus venas. Tienes que venir con nosotros.

Martín los siguió por varias galerías de la mina abandonada; luego subieron a la cima del cerro. A su alrededor, Martín distinguió decenas de montículos de barro formados por piedras *lajas* rodeadas de flechas.

Los indios se acomodaron en círculo, cruzaron los brazos sobre el pecho y pronunciaron una oración incomprensible; después, regaron *tesgüino* y *pinole* sobre el suelo al tiempo que repetían: Taguatsi, taguatsi.

—¿Qué ha sucedido? —preguntó Martín cuando terminó la ceremonia.

—Taguatsi son las almas de los guerreros muertos, de los valientes hombres. Tus antepasados son taguatsi, muchacho; hemos querido despertarlos para decirles que has regresado, que tú guiarás a tu pueblo.

—Pero, ¿cómo? —inquirió Martín—. Ni siquiera sé dónde está.

—Tu pueblo está casi perdido; por toda la Sierra tu gente se ha dispersado; tú puedes volver a reunirlos. Vete a la misión jesuita de Indhé; allí, un viejo misionero sabrá cómo ayudarte.

De regreso en la hacienda, Martín comenzó a vivir como en sueños. Alonso se esforzaba por entender a su amigo, que cada día era más dife-

rente. Por fin, al cumplir su condena, siguieron su viaje hacia el Norte. Más allá de Durango se desviaron para Indhé.

De cara al pasado

La misión era una *ermita* pequeña rodeada de casas medio abandonadas. El padre Andrés López, misionero del lugar, escuchó atentamente la historia que le contaron y observó detenidamente la marca de Martín.

—Nunca pensé que la vería de nuevo —comentó—. Sí, se la vi a tu

padre y dicen que tu abuelo también la tenía. Los dos fueron grandes
caudillos de los tepehuas y también guerreros indómitos; ellos lograron unir a todas las tri-
bus y se enfrentaron a los españoles. Primero lo hizo
tu abuelo, el gran Gogofito, por el año de 1608; él
salió con los laguneros, los xiximes y los acaxees, y
entre todos nos hicieron muchos muertos. De poco les
sirvió: fueron derrotados en la batalla de Sarionas, donde
murió tu abuelo.

—Años después —continuó el misionero—, debió ser
entre 1616 y 1617, los tepehuas y los tarahumaras se levan-
taron de nuevo. Esta vez eran guiados por tu padre y por otros
bravos, y pusieron en peligro toda la frontera. Después de
muchas batallas, tus padres murieron en la sierra de Topia,
en la cuesta del Gato, donde los tepehuas fueron vencidos.
Allí te capturaron; igual le ocurrió a muchos rebeldes.

—¿Por qué se habían rebelado? —interrumpió Alonso.

—Por muchas y buenas razones —respondió el sacerdote—. Los españoles les quitaban sus tierras, les cobraban

tributos muy altos, los esclavizaban y herraban con cualquier pretexto. Yo trabajé muy duro para pacificar esta tierra y muy poco he logrado.

Martín guardaba silencio. Las palabras del misionero le daban vueltas en la cabeza.

—¿Cómo se llamaba mi padre? ¿Lo recuerda usted? —preguntó por fin.

—Baucomari, que significa "Cuerno de Luna", por eso llevas la marca.

Martín se quedó callado. Alonso sabía que su amigo estaba sufriendo.

—Será mejor que descansen —les dijo el sacerdote—. Mañana les espera un largo camino si quieren ir a Papasquiaro, donde viven algunos de tu pueblo. Allí encontrarás a tu hermana.

¡Una hermana! ¡Nunca lo hubiera pensado! Martín apenas podía creerlo. Esa noche, al dormirse, soñó con un extraño ritual: plumas preciosas, flechas, tabaco, ámbar y copal ardían en un altar hecho de ramas.

Rumbo a Papasquiaro Martín pensaba en su sueño. Trataba de recordar el rostro de sus padres. La voz de su amigo lo sacó de sus cavilaciones.

—Hemos llegado. Por las señas, ésa debe ser la casa de tu hermana.

Los amigos tocaron la puerta. Una joven hermosa apareció ante ellos.

—¿María? ¿Gualu Tetewua? —preguntó Martín con voz entrecortada.

La joven no respondió. Sólo los miraba fijamente y Alonso sintió que su mirada lo llenaba de luz; entonces, se atrevió a intervenir:

—María, es tu hermano Martín, ¿no lo recuerdas? Ha sufrido mucho y ha venido desde lejos a buscarte.

—No me llamo Martín —dijo apenado el muchacho—, además, quizá María no hable castilla y no nos entienda; será mejor que le muestre la marca.

—¿Macori? —interrumpió la muchacha—, te estaba esperando, Macori. Ése es tu verdadero nombre.

Martín la tomó de las manos y así permanecieron un rato. Alonso sintió que estorbaba.

—Será mejor que me vaya, Martín... Macori, ¡qué sé yo! —exclamó malhumorado—. Encontraste lo que buscabas y yo salgo sobrando.

—Quédate. Voy a necesitarte para congregar a mi pueblo.

La mirada de María lo hizo dudar. Por fin respondió:

—Éste no es mi lugar. Cuando salí de San Felipe buscaba las montañas de plata; ahora, no lo sé. Quizá me vaya a las Californias en busca de perlas preciosas. De seguro no pararé hasta encontrar un tesoro.

—Dicen que no hay tesoro más grande que un buen amigo —le respondió Martín.

—Entonces, ¡soy rico! —contestó Alonso riéndose.

Los dos amigos se abrazaron con fuerza. Ambos sabían que volverían a encontrarse.

Orien[te]

Norte

el Patrocinio

Mexicapa

S. Francisco

la Veracruz

la Parroch[ia]

la Compañ[ia]

Descripcion de la Muy
Noble y muy Leal Ciudad
de Zacatecas

Ponie[nte]

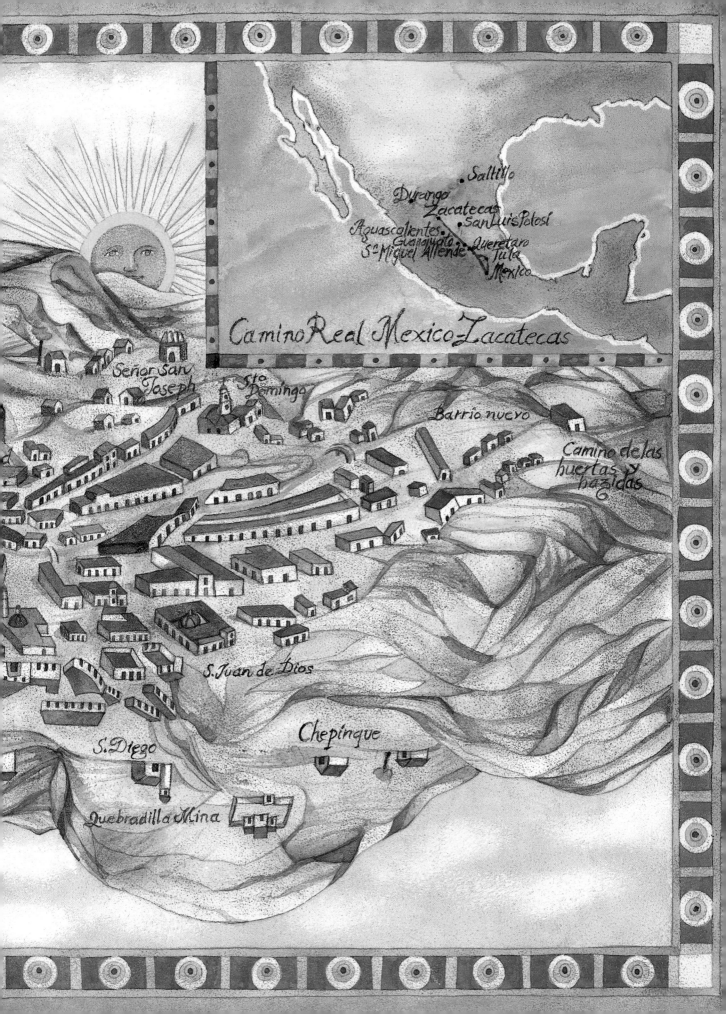

Camino Real Mexico-Zacatecas

Saltillo
Durango
Zacatecas
san Luis Potosi
Aguascalientes
Guanajuato
S. Miguel Allende
Queretaro
Tula
Mexico

Señor San Joseph
Sto Domingo
Barrio nuevo
Camino de las huertas y hazidas
S. Ivan de Dios
Chepinque
S. Diego
Quebradilla Mina

Glosario

amazonas: pueblo fabuloso de mujeres guerreras de Capadocia. Abandonaban a sus hijos varones y se cortaban el seno derecho para poder disparar el arco.

arriero: persona que se dedica a transportar mercancías en recuas de caballos, burros y sobre todo mulas.

arroba: medida de capacidad para líquidos.

cacique: del taíno, señor o rey de un pueblo o reino. Los españoles difundieron este término.

ermita: santuario o capilla en un lugar apartado.

fragua: hogar en el que se funde el mineral para extraer la plata pura.

jerguetilla, jergueta: tela delgada de seda, lana o una combinación de ambas, parecida en tejido a la jerga, tela gruesa y rústica.

laja: piedra plana y lisa.

leguas: medida de distancia cuya longitud equivale a 5.572 kilómetros.

palenque: lugar donde se realizan peleas de gallos en las que se apuesta.

pinole: harina de maíz tostado, se mezcla con azúcar, piloncillo, cacao, canela o anís.

presidio: fortificación militar puesta por los españoles en los caminos hacia el norte minero de Nueva España, como defensa.

real: cada peso tenía ocho reales o tomines. Cada real tenía doce granos y treinta y cuatro maravedíes.

recua: conjunto de animales de carga, especialmente de mulas.

socavón: el túnel para entrar, desaguar o ventilar una mina.

tesgüino: bebida alcohólica hecha con maíz molido hervido en agua.

tianguis: del náhuatl *tianquiztli*. Así llamaban los españoles a los mercados indios.

trabuco: escopeta corta de mayor calibre que la ordinaria.

tratante: mercader y prestamista.

vara: medida de longitud, equivalente a unos 84 centímetros, dividida en tres pies, de unos 28 cm.

Cronología

1529-1535. Nuño de Guzmán inicia la conquista del noroeste chichimeca.

1541-1542. Guerra del Mixtón, contra la rebelión de los indios de Jalisco y Zacatecas, a la que se unieron muchos indios del centro de México. Por su gravedad, requirió la intervención del virrey don Antonio de Mendoza.

1546, 1552. Se descubren minas de plata en Zacatecas y Guanajuato.

1550-1591. Guerra chichimeca. Los españoles la utilizaron para capturar y esclavizar indios. Los chichimecas no fueron derrotados pues la paz se obtuvo mediante negociaciones.

1591. El virrey don Luis de Velasco inició el envío de familias de indios tlaxcaltecas a poblar tierras chichimecas. Después también fueron al Norte indios mexicas y michoacanos.

1601. Rebeliones en Nueva Vizcaya. Las rebeliones de indios norteños continuaron a lo largo de los siglos XVII y XVIII.

HISTORIAS DE MÉXICO ▼ VOLUMEN V/TOMO 2

México colonial

Una campana para san Miguel

María de los Ángeles Romero Frizzi
Ilustraciones de Fabricio Vanden Broeck

FONDO DE CULTURA ECONÓMICA
MÉXICO

Coordinador general del proyecto
Daniel Goldin

Coordinador del periodo México precolombino
Pablo Escalante

Coordinador del periodo México colonial
Rodrigo Martínez

Coordinador del periodo México independiente
Carlos Illades

Coordinador del periodo México en el siglo XX
Ricardo Pérez Montfort

Diseño
Adriana Esteve y Rogelio H. Rangel

Cuidado editorial
Ernestina Loyo
Carlos Miranda

Primera edición: 2000

D.R. © 2000, Fondo de Cultura Económica
Carretera Picacho-Ajusco 227; 14200, México, D.F.

www.fce.com.mx
comentarios y sugerencias: alaorilla@fce.com.mx

ISBN 968-16-5646-6 (colección)
ISBN 968-16-5627-X (volumen V)

Impreso en México
Tiro: 10 000 ejemplares

Índice

Introducción

La conquista militar de los pueblos mesoamericanos trajo destrucción, muerte, explotación, sometimiento. Sin embargo no cambió el marco fundamental de la vida campesina: los señoríos, llamados "pueblos" por los españoles, conservaron sus propias autoridades indias, muchas veces pertenecientes a los antiguos linajes gobernantes. A partir de 1540 en los pueblos se comenzaron a formar cabildos o ayuntamientos, compuestos por un gobernador y varios alcaldes y regidores, todos indios. Se combinaron las formas de gobierno indias con las españolas. Los indios nobles y más destacados participaban en el gobierno civil y religioso de los pueblos.

El cuento de María de los Ángeles Romero Frizzi sucede en la Mixteca Alta, Oaxaca. En los primeros tiempos después de la conquista, los españoles encontraron minas de oro en Oaxaca y otras regiones del sur de la Nueva España, que explotaron con indios esclavos y encomendados. Pero estas minas de oro resultaron superficiales y se agotaron muy pronto. La producción minera fuerte se ubicó en el centro y sobre todo en el norte de la Nueva España. En Oaxaca y otras regio-

nes del Sur, la ausencia de minas provocó una menor presencia de españoles. Gracias a ello, los pueblos indios conservaron mejor sus tierras, sus costumbres, su unidad. Mas no por eso eran menos explotados.

Como no había muchas haciendas españolas (porque había pocas ciudades españolas grandes) el trabajo de los indios no tuvo mayor importancia para los españoles. La explotación de los indios se dio más bien a través del tributo (entregado a alcaldes mayores, corregidores, curas y otros funcionarios), y a través del comercio forzado, llamado "repartimiento de mercancías", impuesto a los indios por los alcaldes mayores.

Sin embargo los pueblos indios se rebelaban muchas veces contra los abusos de los españoles. En Una campana para san Miguel vemos que en Oaxaca en el siglo XVII la religión cristiana ya no era rechazada por los indios, incluso se volvió un elemento fundamental para la unidad y fuerza de los pueblos.

RODRIGO MARTÍNEZ

Entre los ruidos de la noche, de los grillos que cantaban sin cesar y las ranas que no dejaban de croar, una acalorada discusión tenía lugar. Reunidos a la luz de una vela, los ancianos y los jóvenes de Achiutla hablaban incesantemente de un mismo tema. Algo les inquietaba.

Achiutla era, en aquellos años de mediados del siglo XVII, un pueblo pequeño encerrado entre las montañas de la Mixteca. Mucho tiempo antes de que los españoles vinieran a estas tierras, Achiutla había sido un reino muy rico. Sin embargo, poco a poco se había ido convirtiendo en un pueblo pobre a causa de muchos problemas y enfermedades que había padecido. Aquella noche los hombres de Achiutla estaban preocupados y tristes, deseaban comprar una campana para la torre de su iglesia, pero no tenían dinero. Por eso hablaban y discutían buscando una solución.

> Los frailes franciscanos, dominicos y agustinos que iniciaron la cristianización de los indios de México trataron de sustituir su politeísmo (el culto a numerosos dioses) por un riguroso monoteísmo centrado en un dios único y creador. No obstante lo anterior, pronto se extendió también el culto a la virgen María, en diversas advocaciones, y a numerosos santos y santas.
>
> Cada pueblo y cada barrio tenía su santo patrono, cuya fiesta se celebraba en el día marcado por el calendario cristiano.

Querían estrenar campana en la próxima fiesta de san Miguel, el santo protector de Achiutla. Pensaban que la campana les avisaría a todos los habitantes de Achiutla sobre las principales ceremonias: la hora de la misa, el inicio de las procesiones, el momento de la comida. El sonido de la campana se escucharía por las lomas y por todas las rancherías que rodeaban Achiutla. De este modo, la gente sabría de la fiesta aunque estuviera trabajando en sus *milpas* o descansando en sus casas. La campana era muy importante para la gente de Achiutla, no sólo para celebrar la fiesta de san Miguel sino también para todas las demás fiestas de los santos, que eran muchas.

Sucedía que la última celebración había estado desorganizada y triste. Pocas personas habían asistido y los ancianos, encargados de la organización, habían contado con muy poco dinero para los gastos. La comida apenas había alcanzado; la bebida fue escasa, al igual que los cohetes, las flores y las velas. Los hombres de Achiutla esperaban que la nueva campana levantaría los ánimos de la gente para que todos volvieran a cooperar entusiasmados.

Aquella noche, don Gabriel, el viejo gobernador del pueblo, un mixteco de avanzada edad, pelo cano y uno de los hombres más respetados en el pueblo,

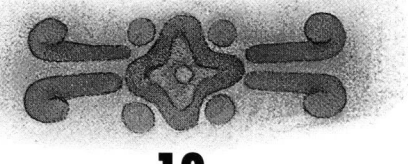

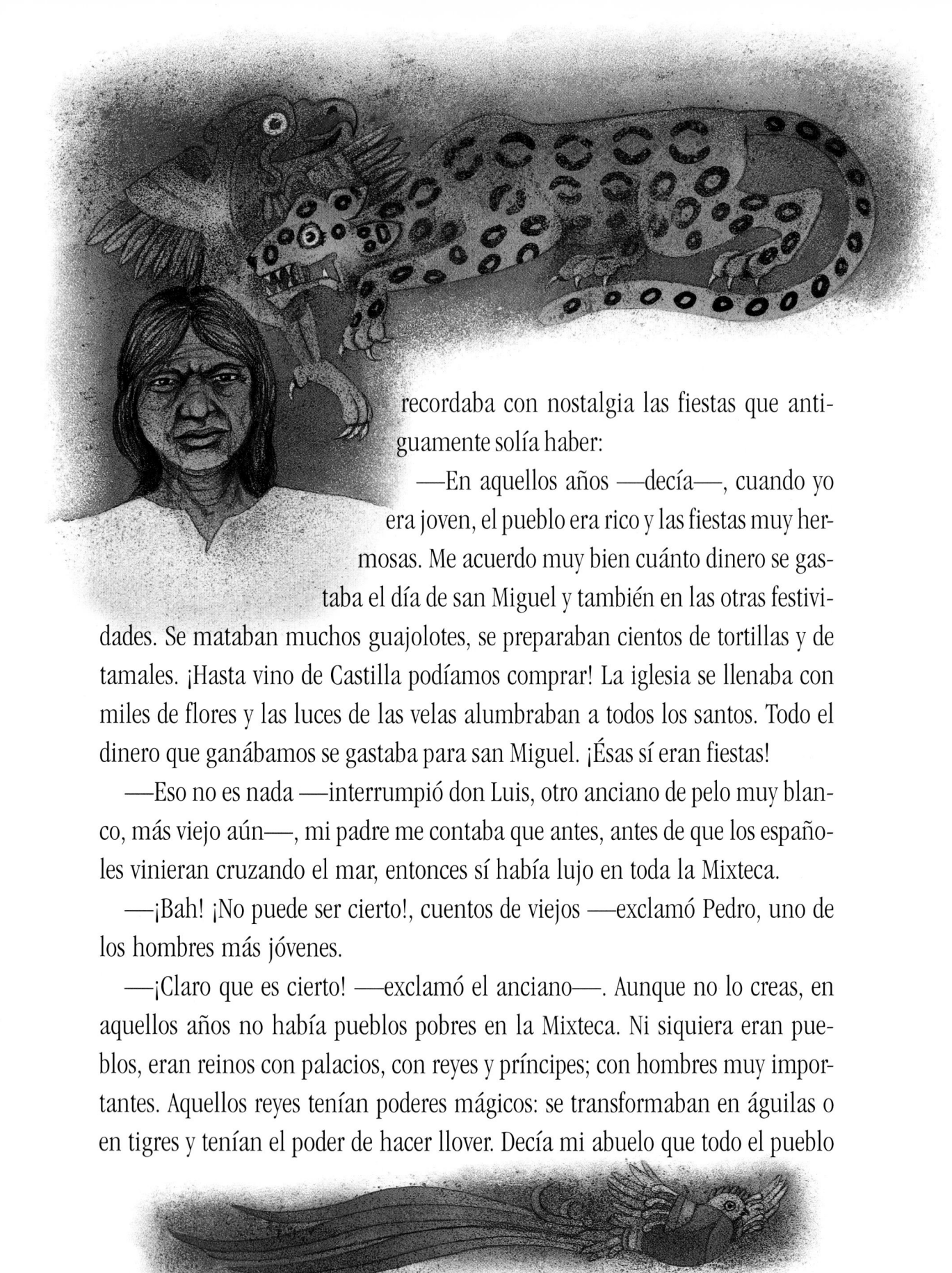

recordaba con nostalgia las fiestas que antiguamente solía haber:

—En aquellos años —decía—, cuando yo era joven, el pueblo era rico y las fiestas muy hermosas. Me acuerdo muy bien cuánto dinero se gastaba el día de san Miguel y también en las otras festividades. Se mataban muchos guajolotes, se preparaban cientos de tortillas y de tamales. ¡Hasta vino de Castilla podíamos comprar! La iglesia se llenaba con miles de flores y las luces de las velas alumbraban a todos los santos. Todo el dinero que ganábamos se gastaba para san Miguel. ¡Ésas sí eran fiestas!

—Eso no es nada —interrumpió don Luis, otro anciano de pelo muy blanco, más viejo aún—, mi padre me contaba que antes, antes de que los españoles vinieran cruzando el mar, entonces sí había lujo en toda la Mixteca.

—¡Bah! ¡No puede ser cierto!, cuentos de viejos —exclamó Pedro, uno de los hombres más jóvenes.

—¡Claro que es cierto! —exclamó el anciano—. Aunque no lo creas, en aquellos años no había pueblos pobres en la Mixteca. Ni siquiera eran pueblos, eran reinos con palacios, con reyes y príncipes; con hombres muy importantes. Aquellos reyes tenían poderes mágicos: se transformaban en águilas o en tigres y tenían el poder de hacer llover. Decía mi abuelo que todo el pueblo

les temía y respetaba, y su vida no era como la nuestra, estaba llena de lujos: vestían trajes tejidos con algodón finísimo y bordados con pelo de conejo o plumas de aves extrañas traídas de tierras muy lejanas. Dormían sobre pieles de tigre y bebían en vasos de oro.

—Francamente, no puedo creerlo —dijo Pedro, rascándose la cabeza—. ¿Cómo pudo cambiar todo tanto? Vean qué pobres somos. Ni para las fiestas tenemos suficiente dinero y eso que son tan importantes. Con tal de que nuestros santos no se enojen con nosotros.

Don Luis, recargándose en su silla, respondió con voz cansada:

—A mí también me resulta difícil entenderlo. Mi padre decía que todo cambió cuando llegaron los españoles. Fue algo tan extraño, incomprensible. Nadie los esperaba, nadie sabía de dónde venían, qué querían o cuánto tiempo permanecerían en nuestras tierras. Después, todo fue complicándose. Para unos, ellos habían traído cosas maravillosas, cosas que nosotros no teníamos: rifles, caballos, templos más altos que los nuestros y cuchillos más filosos que los de obsidiana. Claro, ellos ni siquiera conocían el maíz, pero su presencia impresionó a todos. Además, contaban los abuelos, los reyes mixtecos trataron de conseguir eso que los españoles habían traído. Que por eso los aceptaron en

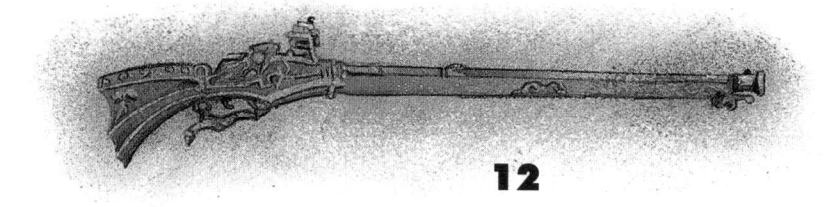

12

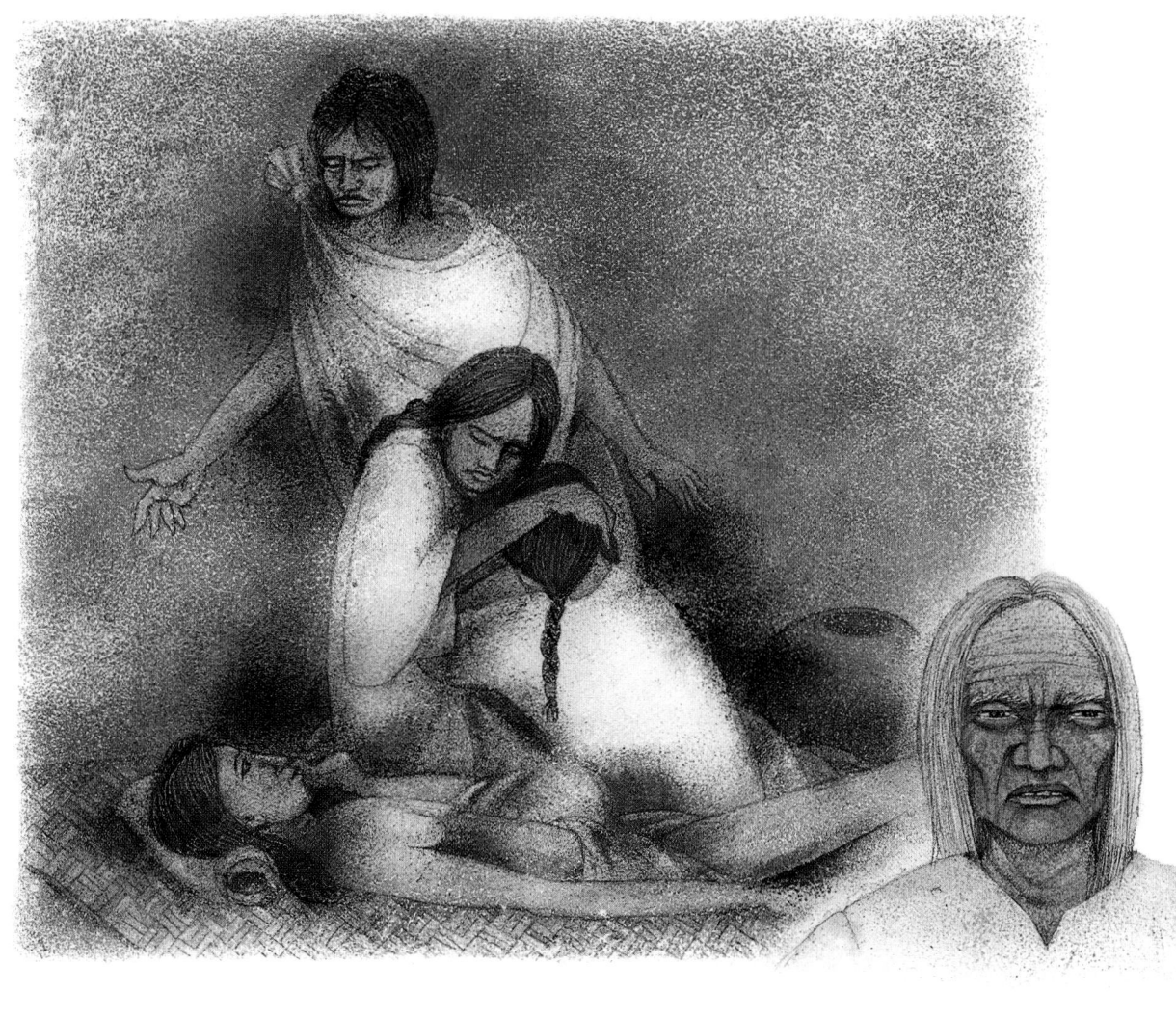

sus tierras y habían tratado de hacerse sus aliados. Para otros, los españoles sólo habían traído destrucción y muerte. Quizás ambas cosas ocurrieron.

"Después —continuó don Luis—, llegaron más españoles y con ellos las enfermedades: tantas y tan terribles que los vivos no alcanzaban a enterrar a los muertos y los niños no tenían quien los cuidara. Al poco, fallecieron ellos también. Debió de haber sido terrible; eran enfermedades que no tenían cura, nuestros médicos no las conocían y nuestras medicinas no las aliviaban. La gente se moría y los pueblos fueron quedando despoblados. Quizá por eso nos volvimos tan pobres."

—Quién sabe —dijo don Gabriel con voz serena—. Acuérdate que también cuentan los abuelos cómo los españoles hicieron esclavos a muchos mixtecos y los obligaron a ir a la ciudad de Oaxaca, a días de distancia, para construir sus casas y sus iglesias. Aparte les hicieron lavar las arenas de los ríos buscando todas las pepitas de oro, hasta que se las acabaron y los mixtecos murieron de cansancio.

—¡Basta de lamentaciones! —interrumpió bruscamente Felipe, el hijo mayor de don Gabriel, un muchacho moreno y delgado, de unos dieciocho años de edad—. Así no vamos a encontrar nunca la solución. ¿Por qué mirar sólo al pasado? Todos queremos una campana y una fiesta mejor, ¿no?

—¡Sí, sí! —respondieron los jóvenes entusiasmados.

En cambio, los ancianos, más prudentes, preguntaron:

—¿Cómo conseguiremos el dinero para comprar la campana?

—Fácil, vendamos las ovejas y los chivos de nuestro rebaño —se oyó una voz al fondo del salón.

—¡Nunca! —enfatizó don Gabriel, algo enojado—. ¿Qué haremos si viene la sequía? No tendríamos nada que vender para poder comprar maíz en

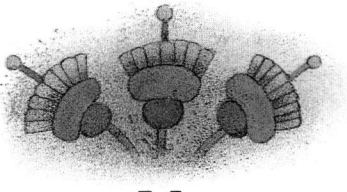

otras regiones. Podemos vender unos cuantos animales, pero no todos, y eso no nos sacaría de apuros.

—Ya sé —dijo Esteban, otro de los jóvenes—: alquilemos el llano de las flores. Tiene buenos pastos para los ganados. Y los ganaderos españoles siempre quieren nuestra tierra.

—Tampoco —contestó don Luis—, ya hemos alquilado otras tierras y el dinero que pagan por las rentas es muy poco.

Algo ha de sacrificarse

Un silencio de desilusión cundió por aquella habitación. La noche había avanzado y ya nadie creía, a esas horas, poder encontrar una solución. Los *reales de plata* que el pueblo había ahorrado durante meses y guardado en una caja de tres llaves, no eran suficientes. Y vender todo el ganado era una imprudencia.

—¿Por qué no trabajamos para el alcalde mayor? —dijo Pedro tímidamente—. Podemos *hilar* algodón y tejer mantas para él.

—¡No! —respondieron todos—. Ese mugroso juez español paga muy poco. Menos que los comerciantes españoles que vienen el día de mercado. Y ellos ya pagan bastante poco.

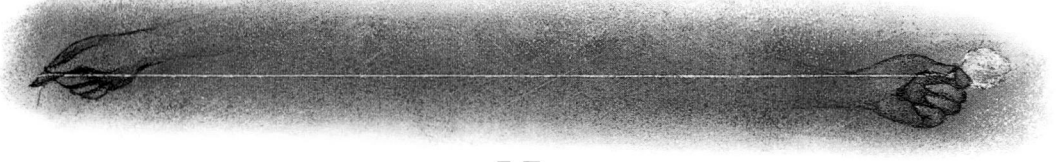

—¿Podremos? —preguntó Felipe—. Hilar y tejer no son labores de hombres. ¿Cuándo han visto a un hombre tejer? Ése es trabajo de las mujeres.

—¡Sí, sí! ¡Que trabajen las mujeres! —dijo alguien en tono burlón.

A la mañana siguiente, las montañas que rodean Achiutla amanecieron vestidas de nubes y el cielo, de un tono gris plomo, preparaba una tormenta. El ánimo de la gente reflejaba el mismo color. Lo discutido la noche anterior se había difundido por todas las casas y las más entristecidas eran, lógicamente, las mujeres.

—Que trabajen las mujeres; vaya, ¡qué graciosos! Como si no tuviéramos ya bastante trabajo cuidando a los niños, moliendo el maíz, echando tortillas. Yo no estoy de acuerdo —dijo María muy enojada.

Pero las otras mujeres del pueblo habían aceptado la proposición de los hombres con gran resignación. Sólo unas cuantas trataron de oponerse.

Mientras las mujeres comentaban su triste suerte, los ancianos de más respeto en el pueblo habían partido hacia Teposcolula para hablar con el alcalde mayor. A los pocos días, las mulas cargadas con bultos de algodón cruzaban las calles enlodadas de Achiutla. El algodón se fue almacenando en la bodega de don Sebas, el comerciante español, flaco y mal encarado, compadre del alcalde mayor. La bodega se fue llenando de apretados bultos de *capullos* blancos y las mujeres tuvieron que alterar el ritmo de su vida.

Para ellas, los días comenzaron más temprano. Todavía de madrugada, antes de que el sol alumbrara, tuvieron que levantarse para moler el *nixtamal,* preparar la masa para las tortillas y dejar todo listo en casa antes de irse a tejer. Las niñas mayores ayudaron a cuidar a sus hermanitos mientras su madre se reunía con las otras mujeres del pueblo a hilar el algodón. Tan pronto hubo suficiente hilo torcido, empezaron a tejer las mantas. Tejían y tejían todas las horas del día, pero los bultos de la bodega no disminuían. Al contrario, el alcalde mayor cada vez enviaba más y más algodón. Algunas mujeres se cansaron e impacientaron. Llegaron a planear rebelarse contra tanto trabajo.

Un día, María, siempre rebelde, dijo:

—¿Por qué hemos nosotras de cargar con toda la responsabilidad de la campana? Pensándolo bien no les pasaría nada a los hombres si aprendieran a tejer.

—Ni se te ocurra —añadió Lucía, una joven de largas trenzas oscuras—, ellos nunca cogerán un telar. Tejer ha sido siempre una labor femenina. Además, los reales de plata que reunamos con nuestro trabajo no son para ellos, son para mandar *fundir* la campana de san Miguel. ¿No ves qué triste estuvo la última fiesta? No vaya a ser que el santo se enoje y no nos envíe la lluvia a tiempo para nuestras milpas. Eso sí sería gravísimo, todo el pueblo padecería hambre y nuestros niños morirían sin sus tortillas.

—Sí, pensándolo bien, tienes razón —respondió María, y siguió tejiendo junto con sus compañeras.

Las mantas se fueron apilando, una sobre otra, y llenaron un cuarto. Eran mantas sencillas, de color blanco. El alcalde español no se interesaba en las

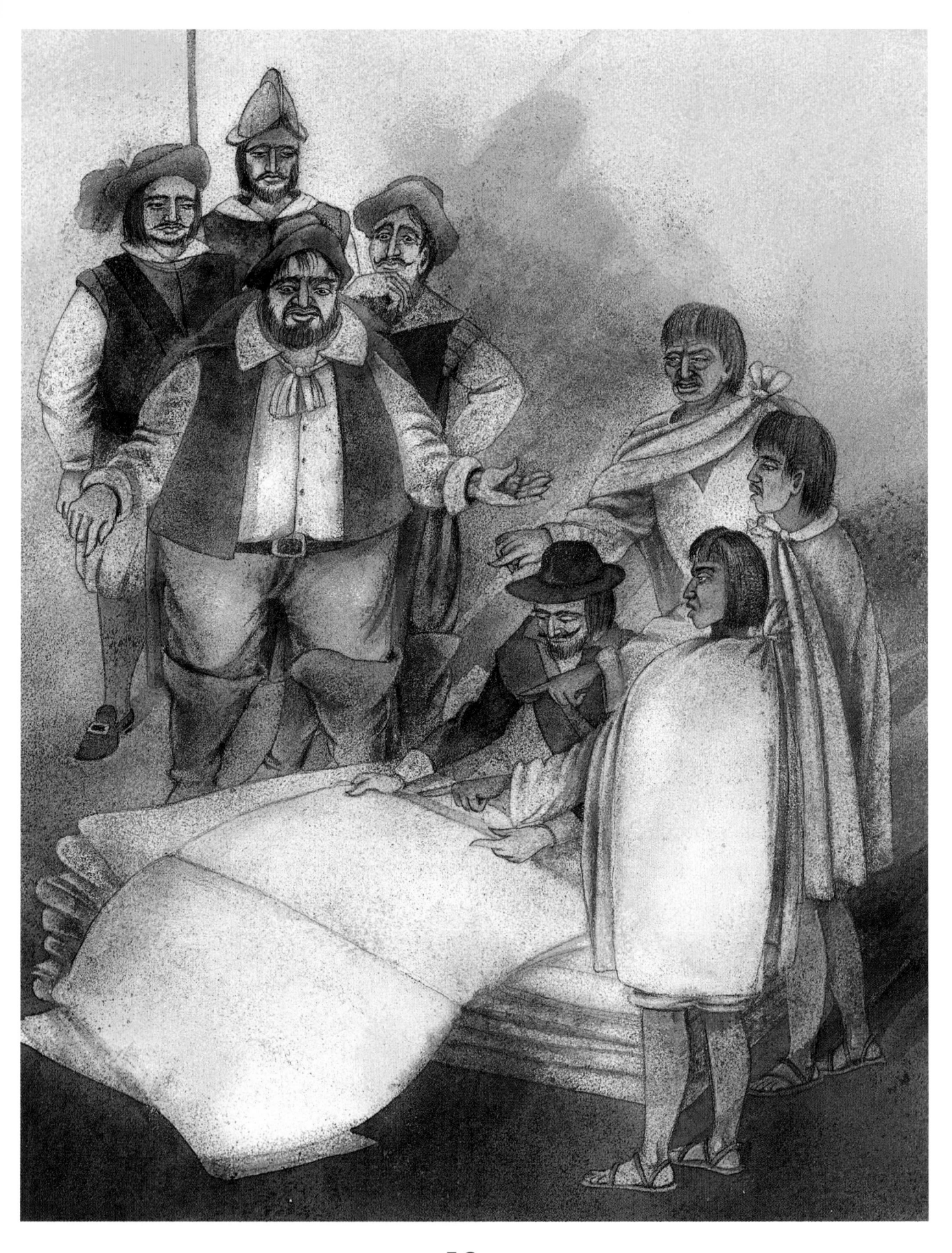

hermosas mantas que las mujeres sabían tejer: mantas con rosas hechas de pelo de conejo teñido, o con pájaros bordados con plumas de colores. El alcalde y la mayoría de los comerciantes españoles querían sólo mantas simples. Se decía que las llevaban a vender muy lejos, a las minas que se encontraban en el norte de la Nueva España, a meses de camino en lomo de mula.

Un abuso más

Pasado un mes, los criados del alcalde mayor regresaron a recoger las mantas a Achiutla. Fermín, el criado principal, un español regordete y enojón, viejo y de tupidas barbas, llegó derecho hasta las *casas reales,* como se nombraba en aquellos años al palacio municipal, y ahí preguntó por los ancianos. Ellos ya lo estaban esperando. La noche anterior habían medido y contado las mantas para que todo estuviera en orden. Los ancianos habían contado cien mantas, todas de buena calidad. Pero el criado regordete y sus ayudantes contaron nuevamente las mantas y dijeron que únicamente había noventa. Por más que los ancianos discutieron y alegaron, el español no quiso pagarles las cien mantas. Hasta amenazó con golpearlos con el mango de su espada si no aceptaban. Enojados y rabiosos, los ancianos tuvieron que aceptar el dinero. Celosamente, como siempre solían hacerlo, lo guardaron en su caja de tres llaves.

La escena se repitió en los meses siguientes: siempre el abuso y el engaño del criado, siempre los ancianos disgustados. Aun así, con el tiempo, la caja se fue llenando de monedas de plata. Los ancianos, don Luis, don Gabriel y los demás, estaban muy contentos; las mujeres, cansadas, aunque las alentaba el deseo de contribuir con su trabajo para algo tan importante para el pueblo. Conforme las monedas se acumularon y las mantas llenaron la bodega de don Sebas, los habitantes de Achiutla empezaron a acariciar la idea de que, tal vez, podrían mandar fundir su campana un poco antes.

Estaban con esos pensamientos cuando, una mañana del mes de julio, aparecieron en el pueblo el barbudo Fermín y sus acompañantes. Los ancianos reiniciaron su alegato en busca de un precio justo, pero esta vez el viejo español no sólo contó menos mantas, como era ya de costumbre, sino que afirmó que las mantas eran de menor calidad:

—Vaya, vaya, miren nada más qué porquería de mantas. Es el colmo, ya no sólo no saben contar sino que ya se les olvidó tejer. ¿Qué les pasa? Bola de flojos, estas mantas tan angostas y feas valen menos que las anteriores.

—¡Falso! ¡Qué mentira! —exclamó don Gabriel furiosísimo—. Las mantas son de la misma calidad y si no las pagan al precio acordado, mejor se

largan de Achiutla antes de que el pueblo se enoje
y los eche a palos.

—¡Ah!, con que ésas tenemos —respondió Fermín,
quien esta vez traía unos pantalones viejos, todos raídos,
demasiado pequeños para él—. ¡Viejo mañoso!, deja que le
avise al alcalde mayor para que venga a azotarlos a ti y a esos
ancianos amigos tuyos. ¡Ya veremos quién manda aquí! —Y
diciendo esto dio media vuelta y salió seguido de sus criados.

Los ancianos permanecieron en silencio; estaban enfurecidos y al
mismo tiempo espantados. Sabían que el alcalde mayor cumpliría la
amenaza de su criado. Calladamente, tratando de ocultar su miedo, los
ancianos volvieron a guardar sus mantas. Al domingo siguiente, cuando
toda la gente de Achiutla y de las rancherías cercanas se congregaba alrededor de la iglesia para asistir a misa, don Gabriel y don Luis aprovecha-
ron el momento para comunicarles lo que había sucedido con los criados
del alcalde mayor. La reacción de la gente fue muy variada: unas mujeres,
la mayoría, estaban furiosas; otras, desconcertadas. En realidad nadie sabía
qué debían hacer. No faltó quien pensara que lo único que podían hacer era
aceptar todos los abusos y seguir tejiendo hasta reunir el dinero necesario para
fundir su campana.

Una última estrategia

Sólo que María era demasiado rebelde para quedarse tranquila. Ella y las demás muchachas decidieron ir a hablar con Felipe y con los otros jóvenes del pueblo para planear alguna estrategia. Esa noche, cuando terminaron sus tejidos se reunieron a espaldas de la iglesia para platicar sus problemas.

—A este paso nunca acabaremos de tejer. Entre más mantas entregamos, menos nos pagan —afirmaba Lucía, otra de las muchachas—; ya bastante hemos tolerado y entre más pacientes seamos, estos gachupines más se van a aprovechar de nosotros.

—Tienes razón —dijo Felipe—, hay que ponerles un alto a estos tramposos gachupines —aunque en realidad él no sabía muy bien qué debían hacer para conseguirlo. Pero justo en ese momento tuvo una buena idea: "¿Y si llevamos las mantas a Teposcolula? Allá viven muchos comerciantes españoles, y no todos son compadres del alcalde mayor. Alguno, seguro, querrá comprarlas".

—¿Cómo vamos a transportar tantas mantas hasta ese pueblo? Por lo menos es un día de camino. Ni modo que las llevemos cargadas sobre la espalda como se hacía antiguamente —preguntó Pedro, algo asustado.

—¿Por qué no? Si los abuelos lo hicieron, nosotros también podemos hacerlo —dijeron otros jóvenes más atrevidos.

—Esperen —respondió Felipe—. Puede haber otra manera menos cansada. Tomemos prestadas las mulas de mi padre.

—¿Tú crees que nos las quiera prestar?

—Pues, este... —dijo Felipe—, yo creo que no va a querer, pero quizá podríamos tomarlas prestadas por unos días sin pedirle su autorización. Aunque claro, bueno, tal vez se enoje un poco.

—¿Un poco? Se va a poner furioso y ¡qué será de nosotros! —insistió Pedro, todavía más asustado.

—¡Ni modo!, tenemos que arriesgarnos —dijo Lucía, con mucho ánimo.

Aquella noche, cuando todo el pueblo dormía profundamente, Felipe y sus compañeros fueron silenciosamente, cruzando entre las sementeras de maíz, hasta el corral donde descansaban las mulas de don Gabriel. Sebastián, otro de los jóvenes, fingió el aullido de un coyote para distraer al guardián de los animales. Cuando el vigilante fue a buscar a la fiera entre los árboles, Felipe y sus amigos tomaron las mulas. Para esto, las muchachas ya habían sacado a escondidas las mantas. Claro que ellas también tuvieron que distraer al velador de la bodega donde los ancianos las guardaban, pero eso les fue fácil. Una de ellas, la más guapa, le hizo un poco de conversación al velador mientras las

otras sacaban las mantas por una ventana.

Rápidamente las colocaron sobre las mulas, cubriéndolas bien para que no se mojaran con la lluvia que empezaba a caer, y emprendieron el camino. Viajaron toda la noche y al amanecer llegaron a Teposcolula; por suerte era un jueves, día de mercado en ese pueblo. Con los primeros rayos del sol, en torno a la fuente de la plaza, se habían establecido los puestos de comida bajo un laberinto de lonas y cordeles que protegía a los clientes de las inclemencias del tiempo. Era bueno que fuera día de mercado, así habría más mercaderes y quizás uno de ellos no fuera amigo ni compadre del alcalde mayor.

Felipe y sus amigos, disfrazados de arrieros mestizos para que nadie los reconociera, almorzaron atole de maíz con tamales de *chepiche*. Después de tan sabroso almuerzo, unos se quedaron cuidando las mantas,

26

mientras los otros recorrían el mercado buscando un comprador. Hallaron varios mercaderes de mantas. Unos pagaban muy poco, si acaso unos cuantos reales más que el alcalde mayor, otros ni siquiera les ofrecían dinero por sus mantas, sino mercancías como vino, aguardiente de caña o telas de *lino* holandés. Hasta caramelos y confites les llegaron a ofrecer.

El tiempo pasó rápidamente, el sol brillaba en lo alto del cielo y los jóvenes no habían podido vender nada aún. Sólo Antonio, el panadero de Teposcolula, les había comprado un pedacito de manta para hacer unos costales para su harina. Conforme transcurrían las horas aumentaba el peligro de que el alcalde mayor o uno de sus criados los reconocieran. Finalmente Felipe, incluso en contra de lo que sus compañeros pensaban, decidió dar las mantas a cambio de vino de Castilla. La mayoría se opuso, pero Felipe les explicó que podrían vender más fácilmente el vino en otro pueblo y, en cambio, si el alcalde los descubría les quitaría las mantas por la fuerza.

Prácticamente sin descansar cargaron los barriles de vino sobre las mulas, compraron unas tortillas y algo de queso de leche de chiva y salieron para Tlaxiaco. La noche volvió a sorprenderlos en medio de las montañas. El cansancio los invadía y la lluvia había vuelto a caer empapándolos hasta los huesos. Otra vez llegaron a su destino con el sol del amanecer; por lo menos ahí no tuvieron que esconderse del alcalde español y pudieron vender su vino con

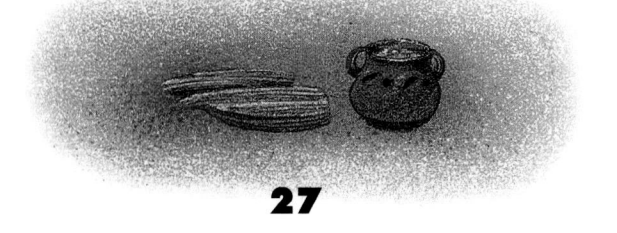

facilidad. El viaje de regreso a Achiutla se inició inmediatamente. Todos iban temblando, algo de frío, algo de cansancio y también de miedo; pensaban en lo enojado que estaría don Gabriel por haberle tomado sus mulas y en la posible venganza del alcalde mayor. Su única esperanza eran los reales que llevaban, pues el tabernero les había pagado un buen precio por el vino.

Malas noticias

Llegando a Achiutla, los jóvenes se encontraron a Pablo, uno de sus amigos, quien les dijo que se escondieran pues don Gabriel estaba doblemente furioso y también atemorizado porque el alcalde mayor les había mandado decir que quería inmediatamente sus mantas. Si no se las enviaban, vendría él en persona y le daría cien azotes a cada uno de los ancianos. Felipe, Lucía y los demás corrieron a esconderse en un granero. No sabían qué hacer. Su temor aumentó cuando supieron por Juan, un mestizo que acababa de llegar de Teposcolula, que el alcalde mayor y sus criados venían por el camino a Achiutla armados con sus espadas y sus *arcabuces*.

—No podemos quedarnos aquí escondidos como ratones —dijeron María, Felipe y los demás—. ¿Qué podemos hacer?

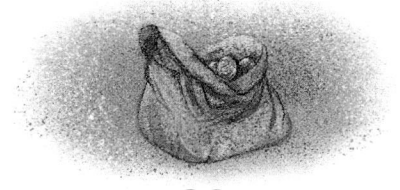

—Creo que lo más urgente es esconder el dinero —insistió Pedro—. ¿Y si se lo damos a don Gabriel?, eso calmaría su enojo.

—Y si don Gabriel, por temor, se lo entrega al alcalde mayor, de nada habrá servido todo nuestro esfuerzo —interrumpió María—. Escondámoslo en un lugar seguro. Pero ¿en dónde? Los criados del alcalde son unos salvajes y voltearán todo el pueblo hasta encontrarlo.

—¿Si lo escondemos en la iglesia, debajo de uno de los candeleros?

—Ni se te ocurra. Si los criados llegan a sospecharlo destruirán todo el templo. Eso sería terrible. ¡Imagínate qué ofensa para nuestros santos!

—Ya sé —exclamó Felipe—, pongámoslo donde no lo busquen. Qué tal en la bodega de don Sebas, el compadre del alcalde. Seguro ahí no lo buscarán.

—Pues manos a la obra.

Con la experiencia acumulada gracias a tantas aventuras, Felipe y Pablo se dirigieron a la bodega. Entraron en ella gracias a una ventana *apolillada* y rota que no opuso resistencia al machete de Felipe. Una vez dentro, los aromas de miles de productos diferentes los aturdieron. Habían entrado por la parte donde don Sebas almacenaba los alimentos y las *especias:* la vainilla se confundía con la canela y con el clavo. El olor del cacao de la costa se mezclaba con el de los chiles serranos. Unos perfumes los invitaban al descanso; otros, los del chile ancho, del chile pasilla, del guajillo, los hacían toser, con peligro de que alguien los descubriera.

—Acá no podemos guardar los reales —dijo Felipe—, la comida es lo que más se vende y fácilmente los encontrarán al entrar por algún producto. Vayamos más al fondo. A ver qué hay por allá.

Los jóvenes caminaron cuidadosamente.

—Pablo, ¡cuidado!, tiras ese jarrón de China. ¿Qué no ves?

En efecto, la oscuridad del fondo de la bodega les impedía ver con claridad dónde andaban. Felipe tuvo que encender un ocote, arriesgándose a que los descubrieran, pero tenían que ver exactamente dónde dejaban su dinero.

—¿Si lo metemos entre las pieles de los chivos?

—Mejor dentro de esta vieja cazuela de cobre, no parece que la hayan movido en mucho tiempo —afirmó Pablo.

—Sí, ahí está bien. ¡Apresúrate!, parece que alguien entra en la bodega, apaga el ocote.

La fiesta de san Miguel

Pasaron los días y el alcalde mayor y sus criados no llegaron a Achiutla. Alguien comentó que el puente del camino se había caído debido a que el río había crecido mucho con las últimas lluvias. Los españoles tendrían que esperar a que bajara el nivel de las aguas para poder cruzar. Esto permitió que el tiempo pasara sin novedades. Finalizaba el mes de septiembre y la fiesta de san Miguel se acercaba. A pesar de que el pueblo no tenía aún su campana, esta vez todos cooperaban entusiasmados. Se iniciaron los preparativos: los músicos practicaban los ritmos de las danzas; los hombres mataban guajolotes y chivos, y las mujeres tostaban los chiles que llevaría el mole.

Llegó la fiesta de san Miguel. Muy de mañana, los cohetes rompieron el silencio. Cientos de tronidos y de pequeñas nubecillas grises que estallaban en

el cielo anunciaban a todos la importancia de ese día. Todo era animación. Las mujeres ya tenían preparadas grandes ollas de mole, la carne bien cocida y los *tenates* llenos de tortillas calientes. Sólo esperaban que terminara la solemne misa cantada para iniciar el gran banquete, cuando de improviso aparecieron por el camino que baja de las lomas de Achiutla el alcalde mayor y sus criados. La noticia cayó como un balde de agua fría. La alegría de la fiesta se convirtió en mudo silencio. Felipe, María y los demás jóvenes eran los más asustados. Al fin y al cabo parte de la responsabilidad era suya.

"Algo hay que hacer —pensaba Felipe—. Algo, algo, pero ¿qué?" Su mente parecía traicionarlo paralizando sus sentidos. Mientras tanto el alcalde y sus criados seguían acercándose. Finalmente algo se le ocurrió. Rápidamente, sin meditarlo mucho, corrió hacia casa de su padre, entró dando grandes saltos y sacó el viejo tambor de sus abuelos. Era un *teponaztli* de madera labrada que sólo debía tocarse en las ocasiones más importantes. Con el tambor entre sus brazos corrió hasta la puerta del templo y ahí comenzó a tocarlo. Cuando la gente de Achiutla lo escuchó, reaccionó y se arremolinó en torno de Felipe. Él, con voz segura y fuerte, dijo:

—¡Por las lomas de Achiutla vienen bajando el alcalde mayor y sus criados. Ellos se han atrevido a interrumpir la fiesta de nuestro santo patrono.

Ésta es una ofensa no sólo para nosotros sino, especialmente, para san Miguel. No debemos tolerar esto, ¡ya bastante hemos aguantado a los españoles!

—¡Sí, es cierto! —gritaron varias voces.

Inmediatamente los hombres corrieron por sus herramientas de labranza: trajeron machetes, palos y *coas*. Las mujeres llenaron sus enaguas de piedras y a la velocidad del viento rodearon al alcalde mayor y a sus acompañantes. En unos segundos los espantados eran el alcalde y sus criados. No tenían a dónde huir, estaban cercados por mixtecos enfurecidos.

—¡Metámoslos en la cárcel! —gritó Felipe—. Ahí se quedarán hasta que concluya la fiesta.

—¡A la cárcel! ¡A la cárcel! —gritaron todos y tomaron al alcalde, al criado regordete y a los demás españoles de pies y manos, y los cargaron hasta la cárcel. Los españoles prefirieron quedarse ahí, calladitos y muertos de miedo, antes que enfrentarse a las mujeres que los amenazaban con una lluvia de piedras.

Mientras tanto, Pablo, cogiendo prestado otra vez el caballo de don Gabriel, cruzaba velozmente las lomas que rodeaban el valle de Achiutla. Llevaba el dinero en una bolsa de piel e iba en busca del maestro fundidor que les haría su campana.

Glosario

apolillada: ropas u otros objetos roídos por la polilla.

arcabuz: arma de fuego antigua semejante al fusil.

capullo: cubierta protectora que fabrican las larvas de algunos insectos, en la que se encierran para realizar su metamorfosis.

coa: del taíno. Bastón plantador, palo aguzado que usaban los indios para sembrar cuidadosamente las semillas en la tierra.

chepiche: del zapoteco. Planta comestible.

especia: sustancia aromática que sirve como condimento y conservador, como clavo, pimienta, azafrán.

fundir: derretir el metal y echarlo en moldes para hacer diferentes objetos.

hilar: reducir a hilo las fibras textiles, como el algodón, la lana, el lino.

lino: preciada tela que se produce a partir de la planta también llamada lino.

milpa: del náhuatl *milli*, campo cultivado, e *ipa*n, sobre. Terreno dedicado al cultivo de maíz.

nixtamal: del náhuatl *nixtamalli*. Maíz cocido en agua de cal o con ceniza para que suelte el ollejo, con el que se prepara la masa para hacer tortillas o tamales.

ocote: del náhuatl *ocotl*. Especie de pino muy resinoso, de cuya madera se hacen teas para alumbrar.

real de plata: moneda que valía ocho reales o tomines.

tenate: del náhuatl *tanahtli*. Canasto de palma para llevar comida.

teponaztli: del náhuatl. Tambor prehispánico, consistente en un tronco ahuecado acostado, con dos lenguetas que se golpean con dos baquetas forradas de hule.

Cronología

1520-1526. Conquista de Oaxaca. Aquí, como en todos los pueblos de la Nueva España, los españoles conservaron a los señores indios como gobernadores de sus pueblos.

1528. Fundación de Antequera (Oaxaca) y de Ciudad Real (San Cristóbal de las Casas, Chiapas).

1540. Comenzó a establecerse en los pueblos de indios de la Nueva España una organización política a la española.

1591. Se establece el Juzgado General de Indios.

1590-1610. Muchos pueblos, cuya población quedó dispersa tras las epidemias, fueron reunidos en asentamientos compactos.

1650. La población india del centro de México llega a su punto más bajo: un millón de personas.

1660. Rebelión de los indios del Istmo de Tehuantepec.

1708-1712. Rebeliones de indios en Chiapas.